Bibliografische Information der Deutschen Nationalbibliothek
Die Deutsche Nationalbibliothek verzeichnet diese Publikation
in der Deutschen Nationalbibliografie;
detaillierte bibliografische Daten sind im Internet
über http://dnb.ddb.de abrufbar.

© Duden 2010; Nachdruck 2011   B
Bibliographisches Institut GmbH,
Dudenstraße 6, 68167 Mannheim
Redaktionelle Leitung: Eva Günkinger, Nele Thiemann
Lektorat: Sophia Marzolff
Fachberatung: Ulrike Holzwarth-Raether
Herstellung: Claudia Rönsch
Layout und Satz: Michelle Vollmer, Mainz
Illustration Lesedetektive: Barbara Scholz
Umschlaggestaltung: Mischa Acker
Druck und Bindung: Print Consult GmbH
Oettingenstraße 23, 80538 München
Printed in Czech Republik
ISBN 978-3-411-70830-7

Luzie findet einen Vogel

Melanie Estrella
mit Bildern von Stefanie Scharnberg

Dudenverlag
Mannheim · Zürich

Inhalt

1. Luzies Fund

„Nanu, was ist denn das für ein kleines,
gelbes Ding?", wundert sich Luzie.
Sie läuft an einer großen, stark befahrenen
Straße entlang. Es ist ein warmer Sommer-
abend, der erste Tag der Sommerferien.
Luzie ist auf dem Nachhauseweg von ihrer
Freundin Pia.
Auf dem Fußweg vor ihr sitzt ein winziger,
grau-gelber Vogel. Er hat kaum Federn und
er zittert.

Luzie schaut sich um. Vielleicht ist die
Vogelmutter ja in der Nähe, um ihrem Kind
zu helfen?

Sie schaut über den Bürgersteig, die Bäume
am Straßenrand, die Balkone und Regen-
rinnen der nächsten Häuser. Nirgendwo
findet sie eine Vogelmama oder ein Nest.

„Na komm", sagt Luzie zu dem einsamen
Vogelbaby und nimmt es vorsichtig in die
Hand. „Ich nehme dich mit zu mir nach
Hause. An dieser riesigen Straße findet dich
deine Mama ja nie."

Luzie läuft noch ein Stück an der Straße
weiter. Dann biegt sie durch einen Torbogen
in einen Innenhof. Hier steht das Haus, in
dem Luzie wohnt.

Luzie klingelt. Mama öffnet die Tür.

„Guck mal, was ich gefunden habe", sagt
Luzie und streckt Mama ihre Hand ent-
gegen. „Einen Babyvogel!"

Mama staunt: „Ist der aber winzig!"

Da kommen Luzies jüngere Schwester Mieke und ihr kleiner Bruder Nick angelaufen. „Ist der süß!", ruft Mieke. „Behalten wir den?"

Luzie guckt Mama an. Mama seufzt. „Und womit füttern wir ihn?", fragt sie.

Luzie denkt nach. Dann fällt ihr etwas ein: „Ich gucke im Internet, womit man kleine Vögel füttert." Das findet Mama eine gute Idee.

Luzie setzt das Vogelbaby auf den Esstisch. Der Vogel piepst und sperrt den Schnabel auf.

„Ich würde ihn Piepschen nennen", meint Mieke.

„Ich nenne ihn aber Pieper", entgegnet ihr Luzie. „Schließlich habe ich ihn gefunden."

1. Fall: Was ist der wichtigste Grund für Luzie, das Vogelbaby mitzunehmen?

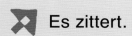 Es zittert.

Luzie geht zum Computer im Arbeitszimmer. Wie man im Internet nach Sachen sucht, weiß sie. Sie haben in der Schule einen Computerraum, in dem sie so etwas lernen. Luzie gibt als Suchwörter „Vogelbaby füttern" ein. Bald findet sie eine passende Internetseite. „Am besten füttert man junge Vögel mit Mehlwürmern aus dem Tiergeschäft oder Angelladen", liest sie.

◉ Es sitzt zu nah an der Straße.

☾ Es sind kein Nest und keine Vogelmutter zu sehen.

„Oje!", denkt Luzie. „Die Geschäfte sind jetzt schon geschlossen! Und der kleine Vogel sieht viel zu hungrig aus, um mit dem Essen bis zum nächsten Tag zu warten ..." Dann liest Luzie, dass man Vogelbabys auch mit Grashüpfern füttern kann, und sie wird wieder froh, denn Grashüpfer fangen kann sie. „Mieke, komm!", ruft sie. „Wir gehen Heuschrecken fangen!"
Luzie kramt eine kleine Dose aus dem Kinderzimmerregal. Dann rennen die Mädchen auf die Wiese hinter dem Haus.

8

Die Wiese hinter dem Haus ist keine echte
Wiese. Es ist ein Stück Land inmitten
der großen Stadt, um das sich niemand
kümmert.

Die Mädchen haben Glück. Hier wimmelt
es von Heuschrecken. Luzie schnappt ein
paar und steckt sie in ihre Dose. Mieke
hat weniger Glück. Alle Heuschrecken ent-
wischen ihr.

„Wenn du nicht mehr sechs, sondern neun
bist wie ich, klappt es bestimmt besser",
tröstet Luzie sie.

Mit Luzies voller Dose laufen die beiden
nach Hause. Dort haben Mama und Nick
dem Vogelkind inzwischen einen Käfig her-
gerichtet. Pieper sitzt inmitten von Taschen-
tuchschnitzeln in einem durchsichtigen
Plastikkistchen.

Mama bewundert Luzies Fang. Dann gibt sie
ihr eine Pinzette. „Probier es mal hiermit",
sagt sie.

Luzie versucht, mit der Pinzette einen Grashüpfer aus der Dose zu angeln. Aber das ist nicht einfach, denn die Heuschrecken hüpfen darin herum. Schließlich klappt es. Luzie steckt einen Grashüpfer vorsichtig in den weit aufgerissenen Vogelschnabel. Das Vogelbaby schluckt das ganze zappelnde Insekt. Dann sperrt es wieder den Schnabel auf.

„Es hat geklappt!", ruft Mieke begeistert. Luzie stopft Pieper noch drei dicke Heuschrecken in den Schnabel. Dann sagt sie streng zu dem Vogelkind: „Jetzt ist aber Schluss. Sonst platzt du!"

Plötzlich knurrt Luzies Magen. Alle müssen lachen. Vor lauter Vogelfüttern haben sie ganz vergessen, dass es längst Zeit für das Abendbrot geworden ist.

Und da kommt auch Papa nach Hause. Luzie zeigt ihm Pieper.

„Der sieht aus wie eine kleine Meise!", findet Papa.

Beim Abendessen steht der Käfig mit dem piepsenden Vogel auf der Kommode neben dem Tisch.

Mama runzelt nachdenklich die Stirn. „Was machen wir bloß morgen mit ihm?"

„Stimmt!", ruft Luzie. „Wir fahren ja morgen in die Ferien nach Dänemark!"

„Wir werden ihn wohl oder übel mitnehmen müssen …", meint Papa.

„Hurra!", ruft Luzie.

„Kirsten und Nina werden staunen!", ist sich Mieke sicher. Kirsten und Nina sind Mamas Freundin und deren Tochter, mit denen sie sich das Ferienhaus teilen werden.

Nach dem Abendbrot füttert Luzie Pieper noch einmal. Dann müssen die Kinder ins Bett. Als Luzie in ihrer oberen Stockbetthälfte liegt, muss sie an ihr Vogelbaby denken. Mieke schnarcht im Bett unter ihr. Nick im Kinderbett daneben schnauft leise. Pieper tut Luzie schrecklich leid. „Der Arme, sitzt ganz alleine im Käfig", denkt sie. „Ohne seine Mama und seine Geschwister." Luzie nimmt sich vor, sich ganz lieb um ihn zu kümmern, damit er sich nicht so einsam fühlt. Dann kuschelt sie sich tief in ihre Decke und schläft ein.

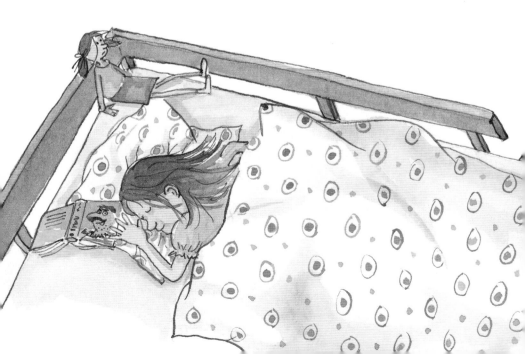

2. Auf in den Urlaub

Am nächsten Morgen rennt Luzie als Erstes
zu Piepers Kiste und füttert ihn mit den rest-
lichen Heuschrecken vom Vortag. Pieper
scheint es gut zu gehen.
„Kann ich noch schnell im Tierladen Würmer
besorgen?", fragt Luzie Mama.
„Tu das, aber beeil dich", antwortet Mama.
„Wir wollen nach dem Frühstück los."
„Ich will auch mit!", ruft Mieke.
Gemeinsam laufen Luzie und Mieke zum
Tiergeschäft, das drei Querstraßen weiter
liegt. Im Laden fragt Luzie die Verkäuferin
nach Würmern.
„Zum Angeln?", will die Verkäuferin wissen.
„Nein, wir wollen meinen Vogel damit füt-
tern", antwortet Luzie. „Er ist aus dem Nest
gefallen und wohnt jetzt bei uns."
„Ach so", sagt die Verkäuferin. Sie geht zum
Regal, holt eine durchsichtige Dose heraus

und stellt sie vor Luzie auf die Ladentheke.
Dicke, bräunliche Würmer kringeln sich
darin.

„Iih, sind die widerlich!", findet Luzie.
„Vögeln schmecken sie!", entgegnet die
Verkäuferin. „Die Geschmäcker sind eben
verschieden."

„Wahrscheinlich sind die Würmer für Vögel
wie leckere Nudeln!", meint Mieke.
Zu Hause füttert Luzie Pieper gleich eine
Ladung dieser Vogel-Nudeln.

„Die schmecken dem aber gut!", stellt Nick
fest.

Nach dem Frühstück belädt Papa das Auto
mit dem Gepäck. Die Kinder helfen ihm.
Auch Pieper wird eingepackt. Seine Kiste
steht vorne bei Mama auf der Ablage des
Beifahrersitzes. Die Dose mit den Würmern
und die Pinzette hat Mama danebengestellt.
So kann sie Pieper füttern, wenn er während
der Fahrt Hunger bekommt.

Dann geht es los. Auf der Fahrt spielen die
Kinder „Ich sehe was, was du nicht siehst".
Anschließend singen sie alle Lieder, die sie
kennen.

„Hilfe!", ruft Mama plötzlich. „Ich habe mir
die Würmer über die Beine geschüttet, als
ich die Dose aufgemacht habe, um Pieper
zu füttern." Die Würmer kriechen überall auf
und unter Mamas Sitz herum. Auch auf ihren
Hosenbeinen und Schuhen winden sich eini-
ge Würmer.

„Iiiih!", kreischen Luzie, Mieke und Nick
begeistert. „Wie eklig!"

Papa fährt beim nächsten Parkplatz raus.
Er und Mama versuchen, alle Würmer einzu-
sammeln. Sie klettern unter die Ablage und
unter die Vordersitze. Auch unter den Füßen
von Luzie, Mieke und Nick finden sie eine
Handvoll Würmer. Als alle Würmer einge-
sammelt sind, geht die Fahrt weiter.
Erst am späten Nachmittag erreichen sie bei
Sonnenschein ihr Ferienhaus.
Kirsten und Nina sind schon da. Sie kommen
aus dem Haus und begrüßen sie. Luzie zeigt
ihnen Pieper.

**2. Fall: Was
ist ein Teewagen?**

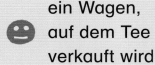 ein Wagen,
auf dem Tee
verkauft wird

„Ist der aber niedlich!", freut sich Nina.
Das Ferienhaus ist ein weißes Haus mit
Reetdach und blauen Sprossenfenstern.
Es hat zwei kleine Schlafzimmer im Erd-
geschoss und einen Schlafboden, wo die
Kinder schlafen dürfen.
Luzie stellt Pieper auf einen Teewagen im
Wohnzimmer. Sie rollt den Teewagen in
eine Zimmerecke unter eine Plastikpalme.
„Pieper soll es grün haben", findet sie.
Dann untersuchen die Kinder das Ferien-
haus bis in den letzten Winkel.
Anschließend wollen Erwachsene und
Kinder zum Strand. Sie nehmen einen Weg
durch die Dünen. Als sie an der letzten
Dünenkette ankommen, sehen sie das Meer.
Oben auf den Wellen tanzen kleine, weiße
Schaumkronen.

 ein Tisch mit Rollen, auf dem Speisen und Getränke serviert werden

 ein Wagen, auf dem Tee gekocht wird

„Wollen wir die Düne runterrollen und zum Meer rennen?", fragt Luzie.

„Au ja!", rufen Mieke, Nina und Nick. Die Kinder werfen sich juchzend in den feinen, weißen Sand und kugeln den Abhang hinunter. Am Strand ziehen sich alle die Schuhe aus. Barfuß laufen sie ins Meer. Mama und Nick ist das Wasser zu kalt. Sie wollen lieber am Strand Muscheln suchen.

Luzie, Mieke und Nina finden das Wasser kein bisschen zu kalt. Sie ziehen sich aus, rennen ins Meer und lassen sich von den Wellen nass spritzen. „Wie das kitzelt!", kreischen sie.

Als sie genug gebadet haben, rubbeln sie sich mit ihren Badetüchern ab und ziehen sich wieder an. Nun wollen die Mädchen Muscheln sammeln.

Aber Muscheln finden sie kaum am Strand. Dafür findet Nina etwas anderes. „Ich habe einen Hühnergott gefunden!", ruft sie.

Stolz zeigt sie Luzie und Mieke ihren Fund:
einen kleinen grau-weißen Stein mit einem
Loch darin.

„Das soll ein Hühnergott sein?", fragt Luzie
verwundert.

„Ganz bestimmt!", erwidert Nina. „So einen
habe ich schon einmal gefunden!"

Luzie und Mieke wollen auch Hühnergötter
finden. Sie haben Glück, denn Hühnergötter
gibt es am Strand massenhaft. Sie stopfen
ihre Taschen mit den Löchersteinen voll.

Dann ist es Zeit, nach Hause zu gehen. Im
Ferienhaus füttert Luzie Pieper wieder eine
Portion seiner Vogel-Nudeln. Alle anderen
bekommen echte Nudeln mit Tomatensoße.

3. Ein Nest für Pieper

Am nächsten Morgen nieselt es. Das ist kein Strandwetter. Also gehen sie in einem nahe gelegenen Wald Pilze suchen. Pieper nehmen sie mit. Er muss ja alle paar Stunden gefüttert werden. Seine Kiste steht im Auto. Mama entdeckt die ersten Pilze.

„Pfifferlinge, ganz viele!", ruft sie und schneidet die Pilze mit ihrem Taschenmesser ab. Fast drei Stunden lang laufen sie durch den Wald und sammeln Pilze.

„Das gibt heute Abend leckere Schnitzel mit Pfifferlingen!", freut sich Papa.

Luzie läuft das Wasser im Munde zusammen. Bis zum Abendbrot dauert es allerdings noch ein Weilchen.

3. Fall: Was stimmt?
Hühnergötter gibt es
am Nordseestrand

ꓵ massenhaft.

Plötzlich hat Luzie eine Idee: „Wir bauen
Pieper ein richtiges Nest!" Sie läuft los, um
Zweige und Moos zu suchen. Die anderen
Kinder helfen ihr dabei. Nick kommt mit
einer Handvoll Tannenzapfen zu Luzie.
„Nicki, so was kann man doch zum Nestbau
nicht gebrauchen", sagt Luzie.
Aber Nick ist ja erst vier Jahre alt und kennt
sich mit Vogelnestern noch nicht so gut aus.

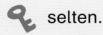 selten.   manchmal.

Es ist nicht einfach, die Äste so zusammen-
zustecken, dass ein Nest daraus wird. Aber
Nina, Mieke und Luzie bekommen es hin.
Anschließend polstern sie die Zweige mit
Moos aus. Sie setzen Pieper in sein neues
Nest. Es scheint ihm zu gefallen.
„Im Nest sieht Pieper noch mehr wie ein
richtiger Vogel aus", bemerkt Luzie zu-
frieden.

Mittlerweile scheint wieder die Sonne. Deshalb fahren sie noch zum Strand neben dem Fischerhafen in ihrem Ferienort. Blau-weiß bemalte Fischerboote liegen dort im Sand.

Piepers Kiste steht an ihrem Lagerplatz in den Dünen. Der kleine Vogel ist schon deut-lich gewachsen, seit Luzie ihn gefunden hat. Auch seine Federn werden länger. Er flattert mit seinen Flügeln.

„Ja, flatter nur, Pieper", sagt Luzie zu ihm. Sie sitzt neben Piepers Kiste und beißt in ein Stück Wassermelone. „Bald bringe ich dir bei, wie man fliegt."

„Haha, das kannst du gar nicht!", ruft Mieke. „Du weißt ja gar nicht, wie das geht!"

„Kann ich wohl!", sagt Luzie trotzig und guckt ihre Schwester böse an. „Es ist mein Vogel und ich bringe ihm bei, wie man fliegt."

4. Die Flugstunde

Ein paar Tage später steht Luzie am Strand
in den Dünen und steckt einen großen Ast
aufrecht in den Sand. Pieper setzt sie oben
drauf.
„Los, Pieper", sagt Luzie, „flieg!"
Pieper flattert. Dann fliegt er tatsächlich los.
Ein paar Sekunden später landet er auf
Papas Ärmel. Alle klatschen. Luzie strahlt.

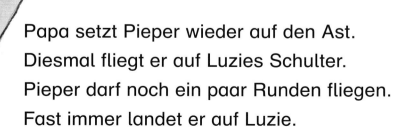

Papa setzt Pieper wieder auf den Ast.
Diesmal fliegt er auf Luzies Schulter.
Pieper darf noch ein paar Runden fliegen.
Fast immer landet er auf Luzie.

„Pieper denkt bestimmt, dass du seine Mutter bist", vermutet Nina.

„Wahrscheinlich", stimmt Luzie zufrieden zu.

Später am Nachmittag gehen sie in den Dünen Blaubeeren sammeln.

„Ich habe eine Idee!", sagt Nina plötzlich.

„Wir verkaufen die Blaubeeren!"

In Dänemark verkaufen die Leute schließlich alles Mögliche vor ihren Häusern: Kartoffeln, Äpfel oder Möhren kann man mitnehmen, wenn man Geld dafür in einen Becher legt.

Zu Hause basteln Luzie, Mieke und Nina ein Schild. „Blåbær, 10 Kroner", schreibt Nina darauf. Das hat sie von einem Verkaufsschild abgeguckt und heißt auf Deutsch: „Blaubeeren, 10 Kronen".

Luzie malt einen Zweig mit Blaubeeren dazu und dann kleben sie das Schild auf einen Stock. Die Mädchen holen noch eine Decke und Papiertüten. In die Tüten wollen sie die Blaubeeren füllen, wenn sie jemand kaufen möchte.

Sie breiten die Decke neben der Sandstraße aus, die zu ihrem Ferienhaus führt. Die Blaubeeren und Tüten legen sie darauf. Das Schild stecken sie in den Sand daneben. Dann warten sie.

Drei Kinder kommen und gucken neugierig. Aber Blaubeeren kaufen sie keine. Ein Auto fährt vorbei. Der Fahrer hupt, winkt ihnen zu und fährt weiter. Zwei Frauen reiten auf Pferden den Weg entlang. Auch sie winken den Kindern zu und reiten weiter.

„Das ist ja langweilig, wenn keiner was kauft", mault Mieke. Aber Luzie sagt, dass man als Verkäufer Geduld haben muss. Also warten sie weiter.

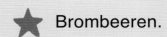

4. Fall: Was ist richtig?
Blaubeeren sind eine andere Bezeichnung für ⭐ Brombeeren.

Dann kommt eine gebeugte Gestalt den Weg heruntergeschlurft. Sie trägt ein geblümtes Kleid und ein kariertes Kopftuch, das sie tief ins Gesicht gezogen hat. Sie stützt sich auf einen Stock.

„Na, was habt ihr denn da?", fragt die Person mit komischer Stimme. „Ich kann nicht mehr so gut gucken."

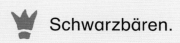 Schwarzbären.

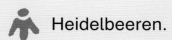 Heidelbeeren.

„Blaubeeren!", antwortet Luzie.

„Kann ich mal eine probieren?", fragt das bucklige Wesen. Seine Beine sind ziemlich haarig.

„Eine kannst du probieren, aber die anderen musst du bezahlen!", sagt Nina streng.

„Hm, lecker!", krächzt das Geschöpf. Sie fährt sich über ihr stoppelbärtiges Kinn.

„Gebt mir drei Tüten davon!"

Mieke füllt die Blaubeeren in Tüten. Luzie steckt die 30 Kronen, die sie bekommen, in eine leere Dose. Mit ihren Blaubeertüten hinkt die Alte wieder davon.

Die Mädchen kugeln sich lachend auf ihrer Decke. „Der denkt wohl, wir erkennen ihn nicht, der Papa!", kichert Mieke.

„Schickes Kleid!", ruft Luzie Papa grinsend hinterher.

Mehr Käufer kommen leider nicht vorbei. Die Kinder bauen ihren Stand wieder ab. Einen Teil der Blaubeeren essen sie mit Milch zum Abendbrot.

Ein paar Beeren gibt Luzie Pieper, der danach pickt. „Es wird Zeit, dass du alleine essen lernst", sagt sie zu ihm. „Ich kann dich schließlich nicht ewig mit Würmern füttern."

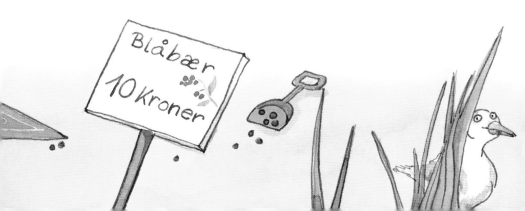

5. Ein trauriger Tag

Am nächsten Morgen regnet es. Die Kinder sitzen am Esstisch und malen. Luzie will Pieper füttern. Sie hält ihm einen Wurm hin. Doch der kleine Vogel mag heute nicht fressen.

„Na so was, du bist doch nicht krank?", fragt Luzie besorgt.

„Vielleicht braucht er anderes Futter?", meint Mama.

„Vielleicht", antwortet Luzie nachdenklich. „Das müssen wir ausprobieren." Im Internet können sie diesmal nicht nachgucken, denn den Computer haben sie nicht dabei.

Luzie und Nina radeln zusammen mit dem Fahrrad zum Supermarkt im Ort, um Vogelfutter zu kaufen. Kurze Zeit später kommen sie mit Meisenknödeln und Wellensittichfutter zurück. „Das ist alles, was sie hatten", sagt Luzie.

Luzie und Nina zerkleinern das gekaufte
Körnerfutter ein wenig und legen es in den
Vogelkäfig. Stumm sitzt Pieper in seinem
Nest und rührt sich nicht.
„Vielleicht möchte er lieber Heuschrecken",
überlegt Luzie. Sie geht in den Garten und
fängt vier Grashüpfer. Doch auch die mag
Pieper nicht.

„Ich glaube, Pieper ist wirklich krank", meint Papa.

Luzies Augen füllen sich mit Tränen. „Er soll aber nicht krank sein!", schnieft sie.

Papa schlägt vor, dass sie zum Strand gehen. Denn draußen scheint mittlerweile wieder die Sonne. „Vielleicht geht es Pieper besser, wenn wir zurückkommen", sagt er.

Am Strand versucht Papa Luzie aufzumuntern. „Hast du Lust, zur Sandbank hinauszuschwimmen?", fragt er sie.

Luzie schwimmt ein ganz langes Stück neben Papa ins Meer hinaus. Als sie bei der Sandbank ankommen, hüpfen Luzie und Papa auf der Sandbank herum, bis ihre Arme und Beine müde werden. Dann schwimmen sie zurück zum Strand.

5. Fall: Mit Pieper stimmt etwas nicht. Was ist los?

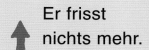 Er frisst nichts mehr.

Nach einem Picknick in den Dünen werfen die Kinder Seesterne ins Meer zurück, die die Brandung an den Strand gespült hat.
„Die Armen wollen ja auch leben und nicht austrocknen", sagt Nick. Dann fahren sie in den Supermarkt, um Würstchen und Kohle zum Grillen am Abend zu besorgen.
Als sie im Ferienhaus ankommen, ist es ganz still. Kein Gepiepse ist zu hören wie sonst, wenn sie heimkommen.

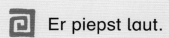 Er flattert auf-
geregt hin und her.   🔲 Er piepst laut.

„Pieper?", ruft Luzie und läuft zum Tee-
wagen, auf dem seine Kiste steht.
Der kleine Vogel liegt auf dem Boden der
Kiste. Seine Augen sind geschlossen.
Die Füße ragen seitlich in die Luft. „Mama!
Papa! Pieper ist tot!", ruft Luzie und fängt
an zu weinen.
Mama, Papa und alle anderen kommen
angelaufen. Mama nimmt Luzie in den Arm.
Auch Mieke, Nina und Nick kullern Tränen
über das Gesicht.

Die Erwachsenen versuchen, die Kinder zu trösten. „Pieper hat eine schöne Woche mit uns verbracht", sagt Mama. „Ohne dich, Luzie, wäre er an der Kreuzung gestorben."
„Ich will aber nicht, dass Pieper tot ist!", schluchzt Luzie und alle anderen Kinder schluchzen mit.
Papa schlägt ihnen vor, Pieper im Garten ein schönes Grab zu machen.
Luzie wischt sich die Tränen aus den Augen.
„Ich weiß einen guten Platz", sagt sie.
Mieke, Nina und Nick hören auch auf zu weinen. Papa gibt ihnen eine Schaufel und die Kinder laufen in den Garten.

6. Ein Platz unter Rosen

„Hier ist ein guter Platz", sagt Luzie und
zeigt neben einen blühenden Heckenrosen-
busch. Mieke gräbt an der Stelle ein Loch
in die sandige Erde.
„Jetzt brauchen wir noch Schmuck für das
Grab", meint Luzie.
Die Kinder sammeln Blumen und Blüten.
Nina holt ihre schönsten Muscheln und
Hühnergötter. Luzie baut aus zwei Stöcken
und einer Schnur ein Holzkreuz. Mit einem
schwarzen Filzstift schreibt sie „Pieper"
darauf.
Papa kommt in den Garten. In einer Hand
trägt er den toten Pieper. Auch Mama und
Kirsten kommen zum Grab. Papa legt Pieper
in Miekes Loch und wirft Erde auf ihn.
„Nicht Pieper einbuddeln!", schreit Nick da
und fängt an zu weinen. Da beginnen auch
Luzie, Mieke und Nina wieder zu schluchzen.

Unter Tränen schmücken die Kinder das
Grab. Zum Schluss steckt Luzie das Kreuz
in die Erde und streut Rosenblüten über
das Grab.

Dann findet Nina, dass sie genug geweint
hat. Aber Luzie und Mieke können nicht
damit aufhören. Die beiden stehen noch an
Piepers Grab, als die anderen schon alle
gegangen sind. Traurig betrachten sie die
letzte Ruhestätte ihres kleinen Vogels.
Schließlich fragt Mieke: „Du, Luzie, sollen
wir mal eine Pause machen mit Beerdigen?"
„Meinetwegen", willigt Luzie ein. „Wir können ja später wiederkommen."

Papa feuert den Grill an. „Zu einer Be-
erdigung gehört ein ordentlicher Leichenschmaus", meint er. „Das braucht man zur
Aufmunterung."
Luzie hilft Mama, den Tisch auf der Ter-
rasse zu decken. Zwischen die Teller streut
sie Blütenblätter wie auf Piepers Grab.
Sie pflückt Blumensträuße, die sie auf dem
Tisch verteilt.
„Pieper soll zu seinem Leichenschmaus
wenigstens einen hübsch geschmückten
Tisch haben", sagt sie bekümmert.
An der festlich gedeckten Tafel schmecken die Würstchen viel besser als sonst,
finden alle.

„Weißt du noch, wie du Pieper gefunden hast?", fragt Papa Luzie
zwischen zwei Bissen Wurst.

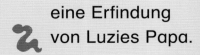

6. Fall: Was stimmt?
Ein Leichenschmaus ist

eine Erfindung
ʒ von Luzies Papa.

„Ja, ich habe da so etwas Kleines, Gelbes
auf dem Boden gesehen."

„Und das war dann Pieper!", sagt Mieke.

„Genau!", antwortet Luzie. Und jetzt hat sie
keinen Pieper mehr. Fast muss sie wieder
anfangen zu weinen.

„Da hatten wir aber Glück!", sagt Mama da.
„Eine lange Woche durften wir Pieper ken-
nenlernen. Ohne ihn wüssten wir nichts über
kleine Meisen."

eine sehr
alte Sitte.

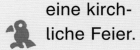 eine kirch-
liche Feier.

„Aber warum ist Pieper gestorben?", will
Luzie wissen. Sie taucht ihr Wurststück
nachdenklich in Ketchup.
„Er war wohl krank", meint Papa.
„Vielleicht hat er von dem vielen Wind einen
Schnupfen bekommen?", überlegt Mieke.
„Was er genau hatte, werden wir nie heraus-
finden", seufzt Papa. „Nun ist es aber schon
ganz schön spät geworden. Ihr müsst jetzt
ins Bett."
„Jetzt haben wir kein Haustier mehr!", sagt
Mieke im Bett zu Luzie.
„Schade", murmelt Luzie bedrückt. Sie denkt
noch eine Weile an Pieper. Dann schläft sie
traurig ein.

7. Die Knochen-Frage

Am nächsten Morgen fällt Luzie das
Schreckliche gleich nach dem Aufwachen
ein. Ihr Pieper ist tot und liegt draußen in
der sandigen Dünenerde.
„Mieke und Nina, seid ihr wach?", flüstert
sie.
Mieke blinzelt. Nina richtet sich schlaf-
trunken im Bett auf.
„Wollen wir zu Pieper gehen?", fragt Luzie
sie. Mieke und Nina nicken. Sie klettern vom
Schlafboden nach unten. In ihren Nacht-
hemden laufen sie in den Garten zu Piepers
Grab.
„Guckt mal, der Wind hat die Blütenblätter
verweht!", stellt Nina fest.
„Wie Pieper wohl jetzt aussieht?", fragt
Mieke. „Ob nur noch die Knochen da sind?"
„Nee, so schnell geht das nicht!", antwortet
ihr Luzie.

„Aber bei den Toten in den Gräbern sind immer nur noch die Knochen da!", beharrt Mieke.

„Aber Pieper liegt doch erst seit gestern Abend im Grab!", erwidert Luzie.

„Und wenn doch nur noch die Knochen da sind?", fragt Mieke wieder.

Luzie stöhnt über so viel Starrsinn. Dann hat sie eine Idee. „Wir können ja nachgucken", schlägt sie vor. „Mieke, geh und hol Nicks Schippe."

Mieke bringt Nicks blaue Strandschippe. Luzie schaufelt Piepers Grab wieder auf. Nach einer Weile kommen Federn zum Vorschein. Luzie gräbt vorsichtig mit den Händen weiter.

„Habe ich doch gesagt", sagt sie. Mit den Fingerspitzen schiebt sie vorsichtig die Erde von dem toten Vogel. „Es ist noch zu früh für Knochen. Er sieht noch fast genauso aus wie gestern."

„Tatsächlich, noch alles voller Federn!",
meint Mieke überrascht. „Keine Knochen zu
sehen."
Da kommt Papa durch das Dünengras auf
sie zu. Er hält Nick an der Hand. „Was
macht ihr denn da?", fragt er verwundert.
„Ich habe Mieke nur gezeigt, dass Pieper
noch keine Knochen ist!", erklärt Luzie.
„Die wollte mir das nicht glauben."

„Nun habt ihr gesehen, wie er aussieht.
Jetzt grabt ihn schnell wieder ein", sagt
Papa zu den Mädchen. „Die Toten lässt man
in Ruhe schlafen."
Die Kinder schippen Piepers Grab wieder zu
und schmücken es erneut mit Blumen und
ihren Schätzen vom Strand.
„Jetzt sieht es fast noch schöner aus als
beim ersten Mal", findet Mieke zufrieden.
Dann rennen sie zum Haus, um zu früh-
stücken.

8. Wieder daheim

Zwei lange Wochen spielen Luzie, Nina,
Nick und Mieke noch in den Dünen, schwimmen in der Nordsee und lassen Drachen
am Strand steigen. Und dann sind die Ferien
auf einmal zu Ende!
Als sie nach der langen Rückfahrt wieder
zu Hause sind, rennen Mieke und Nick
als Erstes ins Kinderzimmer, um ihre Spiel-
sachen zu begrüßen. Mama und Papa
tragen die Koffer, Tüten und Taschen in die
Wohnung.
Luzie steht am Wohnzimmerfenster. „Komm
mal, Mama!", ruft sie aufgeregt.
„Was ist denn?", fragt Mama.
Luzie zeigt auf die Büsche hinter dem Haus.
„Auf dem Ast sitzen drei junge Meisen. Die
sehen genauso aus wie Pieper!"
Drei plusterige, gelb-graue Vögel hüpfen
ungeschickt auf den Zweigen im Gebüsch

herum. Der ganze Busch wackelt dabei.
Sie piepsen laut vor sich hin.
„Die sehen ja aus wie Piepers Geschwis-
ter", findet Mama.
„Im Winter können wir die füttern!", freut sich
Luzie. „Oh, guck mal, da kommt die Mutter!
Die Meisen werden noch gefüttert und
picken nicht selber nach Futter."
Luzie holt Papa, Mieke und Nick, damit
sie die kleinen Vögel auch sehen können.
Zusammen beobachten sie die jungen
Meisen, bis diese zum nächsten Busch
flattern. Nun sind sie vom Fenster aus nicht
mehr zu sehen.

Luzie bleibt noch stehen, als die
anderen schon gegangen sind.
Sie sucht die Bäume und
Büsche nach den kleinen

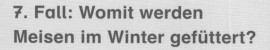

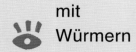

**7. Fall: Womit werden
Meisen im Winter gefüttert?**   mit
Würmern

Vögeln ab. Aber die bleiben im Grün der
Blätter verschwunden. Leise flüstert Luzie:
„Tschüs, kleine Meisen! Und tschüs, mein
lieber Pieper. Dich vergesse ich ganz bestimmt nie." Sie winkt noch einmal den un-
sichtbaren Vögeln draußen zu. Dann läuft
sie zu Mieke und Nick ins Kinderzimmer.

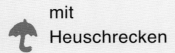 mit
Heuschrecken

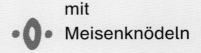 mit
Meisenknödeln

Schreibe einen Meisen-Steckbrief und schicke ihn uns!
Als Dankeschön verlosen wir unter den Einsendern
zweimal jährlich tolle Buchpreise aus unserem aktuellen
Programm!
Eine Auswahl der Einsendungen veröffentlichen wir
außerdem auf unserer Homepage www.lesedetektive.de.

Bibliographisches Institut GmbH
Duden – Kinder- und
Jugendbuchredaktion
Kennwort: **Vogel**
Postfach 10 03 11
68003 Mannheim

E-Mail: lesedetektive@duden.de

Wenn du alle Fälle im Buch richtig gelöst hast,
kannst du hier das Lösungswort eintragen:

__ O __ __ __ __ B __
1.   2. 3. 4. 5. 6.   7.

Die Duden-Lesedetektive: Leseförderung mit System

Lesedetektive 3. Klasse

48 Seiten, gebunden.
7,95 € (D); 8,20 € (A)

- Luzie findet einen Vogel
- Nelly und der Piratenschatz
- Nelly, die Piratentochter
- Herr von Blech ist verliebt
- Herr von Blech geht zur Schule
- Herr von Blech zieht ein
- Prinz Winz aus dem All
- Viktor und die Fußball-Dinos
- Anne und der geheimnisvolle Schlüssel
- Eins zu null für Leon

Lesedetektive 4. Klasse

48 Seiten, gebunden.
7,95 € (D); 8,20 € (A)

- Die Inselschüler – Der Fall Hampe
- Die Inselschüler – Gefahr im Watt
- Zwei Jungs und eine Zicke
- Betreten verboten!
- Kira und die Hexenschuhe
- Der schlechteste Ritter der Welt
- Der Geist aus dem Würstchenglas

Lesedetektive gibt es für die 1. bis 4. Klasse sowie als Vorlesegeschichten

www.lesedetektive.de

Gefunden!
Knote den Streifen einfach
an das Lesebändchen an
und fertig ist dein Geheimalphabet!
Neben jeder richtigen Antwort im Buch
steht ein Zeichen, das du im Alphabet
wiederfindest. Setze nun auf
der letzten Seite die Buchstaben
zum Lösungswort zusammen.